Manfred Brümmer

# De Mallbüdel

De besten Witze ut
**„De Plappermoehl"**
von

Radio MV

TENNEMANN
media

© TENNEMANN media GmbH, Schwerin 2008
Gartenweg 30 c, 19057 Schwerin
Tel. 0385-77501
http://www.tennemann-media.de
http://www.tennemann.com

1. überarbeitete Neuauflage 2008

Herstellung: TENNEMANN media GmbH
Illustrationen: Günter Endlich, Güstrow
Satz und Layout: Andrej Subarew Zavod 3, Wismar
Druck und Bindung: produktionsbüro TINUS, Schwerin
Printed in Germany
ISBN 978-3-941452-00-8

## Vorwort zur Wiederauflage

Unser Mallbüdel-Büchlein mit Witzen aus der Plappermoehl ist ein plattdütscher Bestseller geworden. Erschienen war es zur 250. Plappermoehl im Oktober 2003 und später dann eine Zeit lang vergriffen. Längst haben wir die 300. Plappermoehl gefeiert. Dazu ist im Dezember 2007 eine CD heraus gekommen mit Witzen aus dem Mallbüdel, über die Jahre wunderbar vertellt von Susanne Bliemel, Susanne Kruse, Marianne Meier, Norbert Bosse, Manfred Brümmer, Horst Dethloff, Benny Nolze, Hannes Ossenkopp, Tom Roloff und Klaus-Jürgen Schlettwein.

Auch die Mallbüdel-CD ist zum Bestseller geworden. Und doch wurde immer wieder nach dem Mallbüdel-Buch gefragt. Vielleicht ist es so: Menschen, die gern Witze erzählen, greifen lieber zum Buch. Menschen, die sich gern Witze erzählen lassen, legen die CD auf.

Das Mallbüdel-Büchlein ist wieder da in einer neuen Auflage mit neuen Illustrationen von Günter Endlich aus Güstrow. Er ist der Plappermoehl seit vielen Jahren verbunden.

Zur 150. Sendung am 24. Mai 1995 hat er uns eine Zeichnung geschenkt mit einer lachenden Mühle. Und im Herbst 2008 können wir uns freuen über einen lachenden Mallbüdel und andere fröhliche Illustrationen aus Günter Endlichs Feder. Lachen Sie mit und greifen Sie aufs Neue hinein in den Mallbüdel.


Rainer Schobeß
Plattdeutsch-Redakteur bei NDR 1 Radio MV

# Vorwort zur Erstauflage 2003

In der Plappermoehl von NDR 1 Radio MV wird gern erzählt und viel gelacht. Mit Humor und guter Laune moderieren Manfred Brümmer, Susanne Diedrich und Hannes Ossenkopp den beliebten Klönsnack am Moehlendisch. Ganz sicher ein Höhepunkt: Die plattdütschen Witze aus dem Mallbüdel. Alle drei erzählen sie swienplietsch und staubtrocken. Aber auch viele unserer Gäste haben das Plappermoehl-Publikum schon oft zum Lachen gebracht: Ministerpräsident Harald Ringstorff, die Kunstexpertin Lisa Jürß. der Entertainer Horst Köbbert, die Schauspielerin Anke Korf-Neumann oder der Sänger Kurt Nolze.

Die Plappermoehl ist die älteste plattdeutsche Radiosendung im Nordosten. Angefangen hat alles in Dabel, als 1983 die erste Plappermoehl auf dem Kornboden der alten Holländerwindmühle aufgezeichnet wurde.

Mittlerweile ist die Sendung unterwegs in ganz Mecklenburg-Vorpommern und meldet sich jeden Monat aus einem anderen Ort des Landes mit „'ne lütt Stunn Lüdsnack, Musik un süst noch wat".

Die 250. Sendung haben wir im Oktober 2003 ganz groß gefeiert. Das Geburtstagsgeschenk ist dieses Büchlein mit den besten Witzen aus der Plappermoehl. Lachen Sie mit, getreu dem Motto: „Ut'n verklamten Nors kümmt kein fröhlichen Furz".

Rainer Schobeß
Plattdeutsch-Redakteur bei NDR 1 Radio MV

# Man kann noch so doemlich sien ...

Hannes un Manfred kamen nachts an ein Denkmal vörbi un koenen sick nich einig warden, wecker dat dor up denn' Sockel woll sien sall. „Du", seggt Hannes, „ick glöw, dat is Beethoven." „Nee", meint Manfred, „dat möt Goethe sien. Steiht dor nich up, wecker dat is?" „Nee", seggt Hannes, „äwer weitst wat? Ick kladder dor nu rup un haug em de Näs aw!" „Worüm denn dat?", frögt Manfred. „Na, dat is doch woll klor", grient Hannes, „denn steiht morgen in de Zeitung, wecker dat is!"

*

Kurt hett bannig Schlagg bi Frugens, un he vertellt ok giern dorvon. „Du", seggt he tau sienen Fründ Werner, „gistern abend hew ick ne smucke Diern in't Auto mitnahmen. Ick hew gliek markt, dat de scharp up mi is, un in denn' iersten Waldwegg bün ick rinböögt ..." „Mann", staunt Werner, „un denn güng dat gliek tau Saak?" „Wat glöwst du denn? Se hett tau mi seggt: ‚Wenn du nu dat Verdeck rünner-makst, dat ick de Stierns seihn kann, denn kannst du von mi hebben, wat du wisst.' Un wat sall ick di seggen? In teihn Minuten harr ick dat Verdeck rünner!"

„Wat?", seggt Werner, „teihn Minuten? Mien Verdeck brukt kein Minut!"

„Bi di is dat ja ok kein Kunst, du hest ja ok 'n Cabrio."

Bi Schmolkes kracht dat wedder mal. „Ick verdein di also tau wenig Geld?", bölkt he.

„Klor", schriegt se trügg, „un wenn dat nich miehr ward, denn haug ick aw!" „So?", giwwt he trügg, „denn gah doch! Säuk di doch 'n rieken Kierl! Äwer denn wardst du dien Läben lang unglücklich sien un rohren!"

„Un wenn all, ick rohr leiwer in' Mercedes as in de Stratenbahn!"

\*

Kort vör sien Hochtied sitt Jens noch mal mit sienen Vadder tausamen. „Tjä, mien Jung", seggt de Oll, „twei gaude Ratslääg will ick di för dien Eh noch up denn' Wegg gäben." „Un wecke sünd dat, Vadder?" „Paß up. De ierst is, dat du dorup besteihst, dat du einmal in de Wääk kägeln gahn dörfst." „Gaud, dat dau ick. Un de tweit?" „Dat du nich so doemlich büst un würklich kägeln geihst."

\*

Meier geiht abends mit sien Fru oewer de Reeperbahn. Ümmer wedder dreiht he sick bald denn' Kopp aw nah de Dierns, de dor rümstahn. Endlich ward sien Fru dat tauväl. „So", seggt se, „hier hest du tweihunnert Mark. Un nu gah hen un blamier di!"

Fritz is mit' Auto ünnerwägens un möt in ein Dörp mal kort anhollen. He kiekt sick üm un wunnert sick: Dat wimmelt dor blot so von Goeren. Wo he ok henkiekt, oewerall Kinner. As ein Kierl vörbikümmt, sprükt he em an un fröggt so'n bäten nah. „Tschä", grient de, „bi uns löppt de Bahnstreck midden dörch't Dörp. Un morgens Klock fief dunnert ümmer de D-Zug hier vörbi. Nu ja, tau'n Upstahn is't denn noch tau tiedig, äwer wedder inslapen lohnt denn ok nich miehr ..."

*

Sven kümmt mit'n ganz nieg Fohrrad bi Max antauführen. De wunnert sick: „Minsch, ümmertau jammerst du wägen dat Geld, un mitmal kannst du di so'n düren Drahtäsel leisten?" „Du", seggt Sven, „dat Ding müßt ick nich betahlen. Ick hew dor körtens so'n smucke Diern kennenliehrt, un de wull unbedingt mit mi ne Radtour maken. Nu ja, ick hew mien oll Klappergestell ut'n Keller halt un bün denn los mit ehr. Se wull partuh mit mi in't Holt führen, wägen de Waldluft, weetst du?" „Ja", seggt Max, „klor, un wieder?" „Ja, un as wi denn beid in denn' Busch so allein wieren, dor hett se tau mi seggt: ‚Nu kannst du von mi hebben, wat du wisst!' Un dor hew ick ehr Fohrrad nahmen."

Klara kümmt nah Hus un erwischt ehren Kierl mit ne junge Diern in't Bett. As se losbölken will, seggt he ganz ruhig: „Nu räg di ja nich up. Dat is blot, wiel de Diern so arm is. Se hett klingelt un fragt, ob wi nich up'n poor Saken verzichten koenen. Un dor hew ick ehr dat Kleed gäben, dat du siet twölben Johr nich miehr dräggst, un denn de Schauh, de du all siet fief Johr nich miehr antreckst ... Ja, un denn hett se fragt, ob dat nich noch wat giwwt, wat du nich miehr bruken deihst ..."

*

Größing sitt mit ehren lütten Enkel an't Finster in kiekt nah buten. Dor is'n bannig Gewitter in Gang. „Omi", fröggt de Lütt, „worüm dunnert dat so dull?" Omi hett fix 'ne Antwurt prat: „De Leiw Gott is argerlich, mien Jung, wiel de Minschen so väl leigen. Un dorüm lött he dat dunnern." De Lütt is noch nich taufräden: „Omi, äwer nachts dunnert dat doch männigmal ok. Un dor slapen de Minschen doch un koenen gor nich leigen. Größing denkt bäten nah, äwer denn weit se de Antwurt: „Nachts, mien Jung, warden de Zeitungen druckt."

*

Ne öllerhaftig Dam kümmt in dat Swemmbad un fröggt denn' Bademeister: „Seggen Se mal, jung Mann, is dat woll moeglich, dat Se mi in drei Daag dat Swemmen bibringen?" „Dat kümmt up an", seggt de, „äwer worüm willen Se denn in Seehr Öller noch so fix swemmen liehren?" „Dat kann ick Se verkloren", seggt de Oll, „mien Swiegersoehn hett mi tau ein Bootsfohrt inladt!"

*

De sößteihnjöhrig Jaqueline smust mit ehren Opa rüm: „Opi, kannst du mi nich föfftig Mark gäben?" „Un för wat, mien Diern?", fröggt Opa. „Ick will mi 'n heißes Höschen köpen." „Oh", seggt Opa, „dat is schön! Hier hest du hunnert Mark, un denn bringst du för Oma ok so ein mit. De hett nämlich ümmer so'n kollen Nors!"

*

## Wenn einer daun deiht,
### wat he deiht ...

Mike hett 'ne Liehrstell as Dekorateur krägen. He giwwt sick ok bannig Mäuh un bald all kann bi Schaufinster-Dekorationen mitmaken. Eines Daags nimmt em einen ollen Angestellten bisiet: „Ick glöw, Mike, Se koenen mal 'n gauden Dekorateur warden." Mike freut sick: „Oh, danke, Herr Möller." „Ja", seggt de, „Se stellen sick gaud an, sünd flietig … blot bi ein Deil möten Se noch uppassen: Männigmal sünd Se 'n lütt bäten tau fix." Mike kiekt em verbaast an. „Ja", seggt Möller, „de letzt Schaufinsterpupp, de Se dor äben uttreckt hebben, dat wier de Chefin!"

*

Vör ein Kloster is ein Bufirma anrückt un ritt dor de Straat up. De Oberin von dat Kloster will de Jungens dor buten wat Gaudes daun, lött 'n Teller mit Brötchen fardigmaken un bringt em rut. Tauierst äwer will se mal weiten, ob sick de Männer ok in de Bibel utkennen un frögt denn' iersten: „Kennen Se Pontius Pilatus?" „Nee", seggt de un röppt denn nah achtern: „He, Korl, kennst du Pontius Pilatus?" „Nee", bölkt dat von dor trügg, „worüm?" „Sien Ollsch is dor un will em wat tau Äten bringen!"

*

16

Stationsvörsteher Keller ward tau sienen Chef raupen. „Mann, Keller, sünd Se narrsch worden? Gahn Se in't Personalbüro un halen Se ehr Papiere aw! Se sünd entlaten!" Keller begrippt gor nix. „Äwer worüm denn, Chef?" „Wat?", bölkt de, „dat koenen Se sick nich denken? Weiten Se nich miehr, wat Se vörhen raupen hebben, as de Sonderzug mit denn' Bundeskanzler up unsen Bahnhoff ankamen is? ,Bitte zurücktreten!' "

*

Fred hett dat endlich ok bet tau'n Beamten bröcht. As sien Fründ Jürgen em in sien Büro besäuken deiht, sitt he achter sienen Schriewdisch un ätt 'n Appel. Jürgen kiekt up denn' Appel un röppt: „Minsch, Fred, holl up, de Appel is ja ganz fuul!" Fred wunnert sick un seggt: „Dat's ja gediegen. As ick anfungen hew, em tau äten, wier he noch ganz frisch!"

*

In ein Hotel frögg de Portier denn' Liehrling: „Du grienst ja de ganze Tied so. Wat is denn?" De Jung grient noch miehr: „Ick hew uns Koeksch gistern abend Juckpulver in't Bett streut. Un uns Chef, de kratzt sick hüt all denn' ganzen Morgen!"

17

Architekt Klamann steiht in Schlips un Kragen in sien Wahnstuw. Dor bimmelt dat Telefon: „Minsch, Egon, uns Ball is all vull inne Gängen, wo bliewt ji?" „Räg di nich up, Max", seggt Klamann, „wi kamen gliek. Mien Fru steiht blot noch vör denn' Speigel." „Un brukt se noch lang'n?" Klamann schult in de Badstuw un meint: „Nee, ick glöw nich. Verputz un Spachtelarbeiten sünd all fardig. Nu möt blot noch de Farw rup."

*

Ein jung Diern hett sick oewerräden laten, bi einen Kunstmaler Modell tau stahn. De Künstler kiekt ehr an un seggt denn: „Ick würd Se giern nakicht malen. Würd Se dat wat utmaken?" Se ward rot: „Ick weit nich so recht ... koenen Se nich taumindst de Ünnerbüxen anbehollen?"

*

As Manfred Hannes mal wedder besöcht, wunnert he sick: Hannes hett sien Dubenzucht upgäben. „Tschä", seggt Hannes, „de hebben mi tau dull an uns Politikers erinnert. Wenn se ünnen sünd, fräten se di ut de Hand, un wenn se baben sünd, schieten se di up denn' Kopp."

*

Ein Kierl torkelt nachts stickenduun oewer einen Parkplatz un klaart ümmer up de Autodäcker rüm. Ein Ehepoor is noch up denn' Wegg nah Hus, un de Mann röppt. „He, wat säuken Se dor?" „Na wat all?", bölkt de anner trügg, „ick säuk mien Auto!" „Äwer dat koenen Se doch in' Düstern nich an dat Dack rutkennen!" „Doch! Bi mien Auto is dor 'n Blaulicht up!"

*

Uschi hett ne niege Stellung as Sekretärin krägen. Nah denn' iersten Arbeitsdagg vertellt se ehr Fründin: „Stell di vör, gliek as mien Chef mi tau seihn kreeg, hett de Bürodör awslaten un is oewer mi herfollen!" „Na sowat!", staunt ehr Fründin, „äwer du hest di doch wehrt?" „Nee", seggt Uschi, „dat güng nich. Mien Nagellack wier doch noch nich dröög!"

*

De Fru von Direktor Meier findt in't Handschauhfach von sien Auto 'n lila Damenslip. Bannig in Raasch höllt se em dat Ding vör de Näs: „Nu weit ick endlich Bescheid! De gehürt dien Sekretärin! Giww dat tau!" „So'n Quatsch", brummt Meier, „mien Sekretärin dräggt all siet twei Johr kein lila Ünnerwäsch miehr."

19

„Kümmst du von't Arbeitsamt, Jochen?"

„Ja."

„Un hest du wat funnen?"

„Nee. De nähmen in' Momang blot Zwitter."

„Zwitter? Woans kümmst du denn up sowat?"

„Na, dor stünn buten an: ‚Arbeitskräfte beiderlei Geschlechts gesucht'!"

\*

Endlich hett dat mit de Erfindung klappt, dat man sick in ne anner Tied versetten laten kann. Kanzler Schröder un Finanzminister Eichel sünd natürlich de iersten, de dat versäuken willen un reisen nu in dat Johr 2010. As se de Ogen upmaken, stahn se in ein Stadt vör ein Schaufinster. „Du, kiek mal", seggt Schröder, „uns Politik hett klappt, de Lüüd geiht dat gaud. De Anzug dor – 150 Euro, dat Kleed 100, de Büx 60..." „Mann," seggt Eichel, „kumm blot wieder! Dat hier is ne Reinigung!"

\*

De Käpten kiekt sick denn' Kierl genau an, de vör em steiht. „So, so, Se willen also bi mi as Leichtmatros anheuern. Koenen Se oewerhaupt swemmen?" „Nee, Käpten, äver ick kann in teihn Spraken üm Hülp raupen!"

Ein besapen Penner löppt abends dörch de Stadt un kiekt in de Müllcontainer. He kümmt tau einen, de is ganz lerrig, blot ünnen liggt'n groten Speigel. He verfiehrt sick grugelich un röppt furts de Polizei an: „Kamen Se fix her! Hier in denn' Container liggt ne Liek!" De Polizei is ok ruckzuck dor. De ein Beamte kiekt rin, fohrt trügg un schriegt sienen Kollegen tau: „Minsch, Paul, ick ward verrückt! Dat is einer von uns!"

*

Twei Polizisten gahn nachts up Streife. As dat binah all Morgen is finden se vör dat Gymnasium 'ne Liek un möten ja nu ok furts ein Protokoll upnähmen. De ein will all anfangen tau schrieben, dor frögg he: „Du, weitst du, wo-ans ,Gymnasium' schräben ward?" „Nee", seggt de anner, „dat weit ick ok nich. Wat maken wi dor blot?"
Beid denken nah. „Jawoll!", röppt mit mal de ein, „ick hew't! Wi trecken em einfach vör de Post!"
Bi de Füürwehr is Alarm. All springen hoch, fohren in de Klamotten, Helm up ... Dor kümmt mit mal de Haupt-mann rin, hett de Hännen in de Taschen un seggt. „Sach-ten Jungs, sachten. Dat Finanzamt brennt."

*

Hannes hett 'n lütten Unfall hatt un liggt in't Krankenhus. Sien Chef besöcht em un seggt: „Maken Se sick man kein Sorgen, Herr Ossenkopp, in de Firma geiht allens sienen Gang. De Kollegen willen ok giern seehr Arbeit mit oewernähmen." Hannes is ganz gerührt. „Dat is äwer schön." „Ja", seggt de Chef, „wi hebben dor blot noch so'n lütt Problem. Villicht koenen Se uns ja helpen. Wi hebben nämlich ümmer noch nich rutkrägen, wat Se eigentlich bi uns makt hebben!"

Bannig in Brass kümmt Hannes in dat Büro von sienen Chef lopen. „Hüren Se mal! Dat is Mobbing, dat möt ick mi nich gefallen laten! De Kolleg Meier hett seggt, ick wier de gröttste Trottel, denn' dat giwwt!" De Chef beruhigt em: „Meier? Denn' möten Se nich so iernst nähmen, Herr Ossenkopp, de plappert doch blot ümmer nah, wat de annern seggen!"

*

Ein Beamter frögt in't Büro sienen Kollegen. „Du, kannst du mi mal seggen, wo mien Kugelschriewer awbläben is?" „Ja", seggt de Kolleg, „de stäkt achter dien Uhr." „Mann", stoehnt dor de anner, „mak dat doch nich so kompliziert! Rechts odder links?"

*

Hannes geiht dörch denn' Zoo. Dor is grad Raubtier-fütterung. Mit mal ward he kieken, geiht neger un frögggt denn' Wärter: „Worüm faudern Se denn' Löwen hier mit Bananen? Dat is doch nich dat richtig Fräten för em!" De Wärter nickköppt un seggt: „Dat weit ick woll. Äwer dat geiht nich anners. He sitt up ne Planstell von einen Apen."

\*

Twei Polizisten gahn an' Abend up Streife dörch de Stadt. „Du", seggt de ein, „kiek mal, dor baben in denn' achten Stock, dor wahn ick." De anner kiekt nah baben. „Nich slicht. Ne schöne Utsicht hest du." Dor kümmt ne dralle junge Fru mit nich väl an up denn' Balkon. „Du, un dor baben, dat is mien Fru!" „Schön", seggt de anner, „ne smucke Fru hest du." Mit mal sünd achtern de Fru twei Händ'n tau seihn, de ehr üm de Bost faten. Uns Wachtmeister freut sick: „Kiek mal, un tau Hus bün ick ok all!"

Twei olle Männer gahn dörch denn' Park. Dat is all düchtig schummrig, un se seihn, dat up ein Bänk ein jung Poor all bannig intim mit'nanner ward. „Du", seggt de ein von de beiden Ollen, „so jung müßt man ok noch mal sien, wat?" „Büst du mall?" röppt dor de anner, „wägen dat bäten Sex wisst du noch mal viertig Johr arbeiten?"

Up ein grot Rasenfläch arbeiten twei Kierls. De ein graawt Löcker, un de anner schüppt se wedder tau. Ein Spaziergänger kümmt vörbi, kiekt sick dat ne Tiedlang an, geiht denn hen tau de beiden un seggt. „Dat is doch narrschen Kram, wat Se dor maken! Wat sall denn dat?" „Tschä", seggt de ein, „eigentlich sünd wi ja tau drütt. Äwer de Kolleg, de de Bööm insetten sall, de is hüt krank worden."

*

De Direktor frögt sien Sekretärin: „Na, sünd Se mit de Stellung taufräden, Fröllein Isolde?" „Ja, Chef, blot de Locher drückt mi so in't Krüz!"

*

De gnädig Fru hett sick oewer ehr Deinstmäten argert. „Se packen furts Seehr Saken tausamen un verswinnen, klor?" De Diern smitt denn' Kopp in' Nacken. „Von mi ut. Äwer Se argern sick ja blot, dat ick smucker bün as Se!" De gnädig Fru stiggt de Gall hoch. „So? Bilden Se sick blot nix in!" „Dat dau ick gor nich, dat hett mi nämlich Seehr Mann seggt!" Nu schnappt de Ollsch na Luft. „So? Dat hett he seggt?" „Ja, un in't Bett bün ick ok bäder as Se!" „Dat hett mien Mann ok seggt?" „Nee, de Schofför!"

Buur Warnke hett sick 'ne Motorsaag köfft. Nah twei Wäken bringt he dat Ding wedder trügg un reklamiert. „Also, dat Ding is groten Schiet, will ick Se mal seggen. Fief Stunnen hew ick dormit brukt, bet ein Boom aw wier." De Verköper nimmt de Saag in de Hand un smitt denn' Motor an. „Oh", wunnert sick Warnke, „wat is denn dat för'n Larm?"

\*

Max hett de Räknung oewer sien Scheidungskosten krägen un löppt dormit furts tau sienen Anwalt. „Dat kann ja woll nich sien! Disse Scheidung kost' ja miehr as mien Hochtied!" „Na ja", grient de Avkat, „Se hebben ja ok väl länger Freud doran."

\*

De Kräuger röppt sienen Kellner ran un seggt: „Willen wi nich so sachten dichtmaken? Dor sitt doch blot noch disse Kierl dor in de Eck un slöppt. Sett em doch endlich rut, denn' hest du doch all fiefmal weckt." „Ja, dat stimmt, Chef. Äwer latens em man ruhig noch sitten. Ümmer wenn ick em wecken dau, betahlt he."

\*

„Na, Herr Möller, wat makt denn de lütte Soehn?" „Oh, denn' geiht dat gaud. De is grad in de Werbebranche instägen." „Wat? Dat is doch nich moeglich, de is doch ierst drei Monat olt!" „Doch, doch. He makt Testpullern bi Pampers."

# Ganz ünner uns ...

„Manfred, worüm sühst du denn so trurig ut?" „Mien Fru will verreisen." „Un dat geiht di so tau Harten?" „Nee, äwer wenn ick fröhlich kieken dau, verreist se nich!"

*

In de Bahn sitten sick ein jung Fru un ein jung Mann gägenoewer. Se läst, un em is so nah Bekanntschaft maken taumaud. He schuult nah dat Bauk hen un seggt. „Oh, Se läsen dor ja grad ein Bauk oewer Männer, mien Fröllein! Is dat interessant?"

„Ja", meint se, „sihr sogor. Ick hew dor grad wat ganz dulles in funnen." „So? Un wat, wenn ick fragen dörf?" Se grient so'n bäten un seggt: „Hier steiht, de besten Männer bi'n Sex, dat sallen de Polen un de Indianer sien." De jung Mann steiht up un seggt höflich: „Entschülligen Se, ick hew ganz vergäten, mi vörtaustellen. Mien Nam is Winnetou Kowalski!"

*

Up de Musikhochschaul is'n niegen jungen Gesangsprofesser kamen. De Studentinnen sünd begeistert. Nah ein poor Daag schwärmt de ein: „Ach, wat hett he för ein wunnerschönes Organ!" „Ja", seggt ein anner, „un schön singen kann he ok!"

„Herr Paster, ick möt Se wat bichten!"

„Snack di getrost ut, mien Diern."

„Ick hew mien Jungfernschaft verluren. Wat sall ick blot maken?"

„So? Denn drink ierst mal ein Glas Zitronensaft."

„Un dorvon krieg ick mien Jungfernschaft wedder?"

„Nee, äver denn kiekst du nich miehr so selig!"

*

Ein Mann kümmt nah Hus un findt sien Fru nakicht in't Bett. Up denn' Nachtdisch liggt ne Zigarr. Furts bölkt he los: „Woher kümmt disse Zigarr?" Sien Fru seggt nix. He noch mal: „Woher kümmt disse Zigarr??" As he wedder kein Antwurt kriggt, bölkt he tau'n drütten Mal: „Ick will weiten, woher disse Zigarr kümmt!!" Dor röppt dat ut' Kleederschapp trügg: „Ut Kuba, du Idiot!"

*

„Na, Max, woans is't denn so mit dien niege Fru?"

„Ganz dull, möt ick seggen. Ick fäuhl mi dörtig Johr jünger."

„Wat, dörtig Johr gliek?"

„Ja, ick smök nämlich all wedder heimlich up't Klo!"

In de Slapstuw is dat kolt. Dat Ehepoor liggt in't Bett un se kann vör Küll gor nich in denn' Slap kamen. „Du, Schatz", seggt se dor tau ehren Mann, „as ick noch lütt wier, dor hett mien Mudding mi ümmer in denn' Arm nahmen un mi warmt, wenn ick froren hew." „Un wat sall dat heiten", knurrt de Kierl, „denkst du villicht, ick stah nu midden in de Nacht up un hal dien Mudder?"

*

„Weitst du all, wo du dit Johr Urlaub maken wisst, Hannes?" „Klor. Ick führ wedder an denn' Atlantik. Wenn ick dor so an denn' Ozean stah un disse Unendlichkeit seih, denn hew ick ümmer dat Gefäuhl, wo lütt un nixig ick dorgägen bün."
„Dortau bruk ick nich an denn' Atlantik führen, Hannes. Dit Gefäuhl hew ick all, wenn mien Fru mit mi snackt!"

*

„Hannes, ick glöw, mien Fru is mi nich truu."
„Un an wat hest du dat markt?"
„Wi sünd körtens von Rostock nah Schwerin treckt un hebben ümmer noch denn' sülben Breifdräger."

*

„Herr Dokter, ick weit nich, ob Se mi helpen koenen: Mien Sexualtrieb is tau hoch."

„Oh, wo olt sünd Se denn?" „Sößunachtzig, Herr Dokter."

„Dunnerslagg! In dit Öller spält sick Sex eigentlich doch blot noch in' Kopp aw!"

„Dat segg ick doch, dat mien Sexualtrieb tau hoch is! Ick will em giern bäten wieder ünnen hebben!"

\*

Hannes kümmt nah'n Dokter, druckst bäten rüm un seggt denn endlich: „Mi is dat bäten pienlich, Herr Dokter, äwer mit mien Potenz, weiten Se, so recht geiht dat dor nich miehr ..." „Ach", meint de Dokter, „dat brukt Se nich schenierlich tau sien, ick verschriew Se dor mal ein gaudes Medikament." „Ick weit", seggt Hannes, „Viagra." „Nee", meint de Dokter, „dorvon holl ick nix. Wat ick Se verschriew, dat is ein Phosphorpräparat." Hannes kiekt em verbaast an: „Ick weit nich, ob wi uns richtig verstahn hebben, Herr Dokter ... lüchten sall he nich!"

\*

„Snackst du nah denn' Sex eigentlich mit dien Fru?"

„Na ja, wenn grad 'n Telefon in de Neegt is ..."

„Mutti, wat is eigentlich impotent?"

„Ach, mien Jung, dat is, as wenn du Spaghetti kaakt hest un wisst dormit Mikado spälen."

*

Ein Ehepoor hett Golden Hochtied fiert. Mäud un glücklich gahn se tau Bett. Dor straakt de Fru ehren Mann so sachten oewer un fröggt: „Hüt kannst du mi dat doch iehrlich seggen – hest du mi eigentlich mal bedragen?" „Nu ja", seggt he, „ick kann't ja nu ruhig taugäben – ein einzigst Mal." „Oh schad", stoehnt se dor, „dit ein Mal künnten wi nu grad so gaud bruken."

*

Dat junge Poor hett heuradt, un he dräggt ehr oewer denn' Süll in de niege Wahnung. In denn' Korridor wiest he up denn' Fautbodden: „Jeden Dagg Klock fief stahn dor mien Puuschen, ob ick dor bün odder nich!" In de Koek wiest he up denn' Disch: „Jeden Dagg Klock soeben steiht dor mien Äten, ob ick dor bün odder nich!"

Achteran gahn se in de Slapstuw. Dor wiest se up dat Bett un seggt. „Un jeden Abend Klock teihn passiert hier wat, ob du dor büst odder nich!"

De Ehelüüd hebben sick mal wedder düchtig bi de Plün-
nen. „ick verstah nich, worüm du soväl Geld för dissen BH
utgäben hest!" bölkt he. „Soväl hett dat Ding bi di doch
würklich nich tau hollen!" „So?" futert se trügg, „wenn dat
dornah geiht, denn is dien Büx ok väl tau düür!"

*

De gnädig Fru hett ne niege Deinstdiern krägen. Nah ei-
nen Dagg all nimmt se ehr bisiet un seggt: „Hüren Se mi
mal gaud tau, Sieglinde. Ick hew seihn, dat Se mit mienen
Mann rümknutscht hebben, un ick hew ok seihn, dat Se
denn' Schofför un denn' Melkmann küßt hebben. Ick gäw
Se einen gauden Rat: Wenn Se de Stellung behollen wil-
len, denn laten Se de Finger von denn' Breifdräger!"

*

An' Pulterabend nimmt de Mudder ehr Dochter bäten bi-
siet un seggt tau ehr: „Aw morgen büst du nu verheuradt,
mien Diern. Denk ümmer doran: Ne gaude Eh tau führen,
dat heit gäben un nähmen. Weitst du, woans ick dat mein?"
„Ja, Mudder", seggt de Dochter, „dat is mi klor. Wat he mi
nich gäben will, dat nähm ick mi!"

*

Marianne un ehr grote Dochter kamen in de Spräkstunn'
von' Dokter.

„Gauden Dagg, miene Damen! Na denn trecken Se sick
man ut, Fröllein Meier!"

„Nee, Herr Dokter, ick bün blot mitkamen, mien Mudder
will ünnersöcht warden."

„Ach so. Na gaud, denn wiesen Se mi mal Seehr Tung,
Fru Meier."

*

De Buur un sien Fru liggen un slapen. Miteins ward se
munter, knufft ehren Kierl in de Siet un seggt. „Hürst du
dat? Dor buten in denn' Gorden is wat! Dor is doch wed-
der uns Hans mit de Deinstdiern taugangen! Los, gah rut
un jag de beiden ut'nanner!"

„Ach wat", seggt verslapen de Buur, „lat de beiden sick
doch amüsiern. Un se is ja ok eigentlich ganz nett." „Nee",
futert de Ollsch, „ick will dat nich! He sall mal wat bäderes
kriegen as de! Los, seih tau, dat du dor mang kümmst!"
He geiht ja nu ok rut, un würklich steiht Hans mit dat
Deinstmäten ünnern Plummenboom, un wat dor grad
passiert, dat hett de Oll höchstens mal up Biller seihn.
„Diern!" bölkt he los, wisst du di woll henleggen, odder
sall mien Soehn dat in't Krüz kriegen!?"

„Du, Hannes, ick hew grad körtens wedder markt, dat mien Fru eigentlich ümmer recht hett."

„Würklich? Un an wat hest du dat markt?"

„Ick harr ehr verspraken, ehr tau'n Geburtsdagg 'n schönes, düres Armband tau schenken. Un se hett seggt: ‚Dat deihst du ja doch nich!' "

„Ja un?"

„Se hett wedder mal recht hatt!"

*

Gustav is mal wedder bös up sien Fru. As se bi't Frühstück sitten, fröggt he: „Sall ick di mal seggen, woans du ganz fix tau dien Rent kamen kannst?" Se is furts niegelich: „Ja, segg mal!" „Smiet einfach dienen Utwies wegg un lat di schätzen!"

*

„Na, Werner, büst du in dien niege Eh nu glücklich un taufräden?"

„Ach ja, vör allen ergänzen wi uns ganz gaud."

„Ergänzen? Wobi denn so?"

„Se smitt mi dat Supen vör un ick smiet ehr dat Äten nah!"

„Du, Mutti?"

„Ja, mien Jung?"

„Verreisen Käuh eigentlich ok?"

„Nee, woans kümmst du denn up sowat?"

„Papi hett gistern tau Fröllein Yvonne von näbenan seggt: ‚Wenn de olle Kauh verreist is, denn maken wi uns 'n poor schöne Daag!'"

*

Susanne kiekt in denn' Kinnerwagen von ehr Fründin un staunt: „Mann, Beate, dien Kind is äwer bannig lütt!" „Hür blot up", seggt Beate, „dorför, dat dat gor kein warden süll, is dat ganz schön grot!"

*

Paul will sick scheiden laten. As de Avkat em nah denn' Grund fröggt, seggt Paul: „Mien Fru hett ‚Idiot' tau mi seggt, Herr Anwalt!" „Tschä", meint de, „dat is ja eigentlich noch keinen richtigen Grund, äwer villicht vertellen Se mi mal, woans dat dortau kamen is. „Ja", seggt Paul, „as ick gistern nah Hus keem, dor leeg se mit 'n annern Kierl in't Bett. Un as ick fragt hew: ‚Wat makt ji dor?!', dor hett se seggt: ‚Dat sühst du doch, du Idiot!'"

Hannes is männigmal bäten neidisch, dat Manfred mit sien Fru so gaud trechtkümmt. Endlich giwwt he sick mal 'n Ruck un fröggt sienen Kumpel nah dat Geheimnis. „Du, dat is ganz einfach", seggt Manfred, „ümmer mal utgahn, schön äten, bi Kerzenschien un so, denn in ein Bar noch so richtig intim danzen un dornah ne heite Nacht in ein Hotel." „Mann", staunt Hannes, „dat is ja dull! Un wo oft makt ji dat?" „Mien Fru ümmer mittwochs un ick ümmer Friedags!"

*

„Du, Mathilde hett up denn' Grawwstein von ehren Mann in grote Goldbaukstaben ,Ruhe sanft' rupschrieben laten!" „Ick weit. Äwer gistern wier de Testamentseröffnung un dor hett se glick achteran noch wat dortausetten laten."
„So? Un wat denn?"
„,Bet ick nahkamen dau!' "

*

Bi Fru Möller kümmt 'n Handelsvertreter an de Dör. „Gauden Dagg, Fru Möller, willen Se nich 'n billigen Slapsack köpen?" „Nee", seggt Möllersch, „bruk ick nich. Ick bün mit einen verheuradt."

37

Ein jung Poor verläwt sien Hochtiedsnacht in ein Hotel. Gägenoewer von dat Hotel is ne Kasern. Morgens üm Klock söß is dor Wecken, un de Spieß bölkt „Raus!!!"
„Oh", seggt dor de jung Fru fix, „Peter, lat di blot nix befählen!"

*

„Se willen also scheidt warden, Fru Schmidt. Wenniehr hett dat denn' iersten Striet mit Seehrn Mann gäben, weiten Se dat noch?"
„Klor, Herr Anwalt, gliek nah de Truung. He wull nämlich partuh up dat Hochtiedsfoto mit rup!"

*

Angelika is mit ehren Mann in ein Boutique un söcht sick ein Kleed ut. As se endlich ein't funnen hett, dat ehr geföllt, führt se ehren Mann dat vör. De treckt ne Schnut.
„Ick hew't wüßt. Ümmer söchst du di denn' unmoeglichsten Schiet ut!" „Ja, mien Schatz", fläut' se dor ganz säut, „un vör söben Johr hew ick mit di denn' Anfang makt!"

*

„Oh, du hest ja Post krägen, Marianne!"

„Ja, ne Kort von mienen Mann."

„Äwer dor steiht ja gor nix up!"

„Nee, wi räden ja ok nich miehr mit'nanner!"

*

„Du, Heiner, sall ick di mal 'n scharpen Witz vertellen?"

„Du ümmer mit dien Witze. Döcht de ditmal würklich wat?"

„Klor! As ick denn' körtens dien Fru vertellt hew, is de vör Lachen binah ut' Bett follen!"

*

Elvira möt bi ehr Fründin Susanne mal richtig ehr Sorgen loswarden: „Du, un mit mienen Kierl is ok nix miehr los, dor röögt sick gor nix miehr. Dor hest du dat doch gaud. Du hest 'n Kierl un noch 'n Husfründ dortau." Susanne winkt aw. „Dat glöw man nich. Dor verlött sick ok blot ümmer einer up denn' annern."

*

Oswald kümmt nakicht ut de Badstuw. „Mann, hüt is dat so heit, dat ick an' leiwsten gor nix antrecken würd. Du, wat würden woll de Nahwers seggen, wenn ick so nakicht denn' Rasen meihen dehd?" Sien Fru grient. „De würden seggen, dat ick di woll blot wägen dien Geld nahmen hew."

*

„Rainer, du, ganz ünner uns, ick glöw, mien Potenz lött nah. Kannst du mi dor nich wat raden?"
„Tschä, du, ick denk, du süsst dat mal mit Austern versäuken. Ick hew grad ierst läst, dat dat bannig helpen sall."
„Austern? Dor gah mi mit aw. Dat hew ick all lang versöcht. Twölf Stück hew ick dorvon an einen Abend äten, un grad man vier dorvon hebben wirkt!"

*

Rolf kümmt störtenduun nah Hus, wankt in de Slapstuw un knallt batz gägen ne grote Vas, de dor up de Ierd steiht. As de Schreck nahlött, bölkt he los: „Wat sall denn dit Ding dor? Woso steiht oewerhaupt mit mal midden in uns Slapstuw ne Vas?" „Dat kann ick di seggen", schriegt sien Fru ut dat Bett trügg, „de steiht dor, dormit in uns Slapstuw oewerhaupt mal wat steiht!"

Ein Mann steiht up denn' Karkhoff, un de Tranen lopen em ümmer so dat Gesicht dal. Un ümmer wedder seggt he: „Ach wierst du doch nich dootbläben, wierst du doch blot nich dootbläben!" Dor kümmt ne Fru vörbi un süht, dat he vör denn' Grawwstein von einen Mann steiht un seggt vull Mitgeföhl. „Dat wier säker Sehr Brauder, nich?" „Nee", seggt de anner un rohrt noch miehr, „dat wier de ierst Mann von mien Fru!"

*

Kurt is mal wedder versackt, un as he an' nächsten Morgen in denn' Speigel kiekt, verfiehrt he sick bannig. He geiht tau sien Fru un seggt: „Wäs mi nich bös, mien Schatz, dat ick gistern besapen un mit'n blaag Oog nah Hus kamen bün. Dat kümmt ok nich wedder vör." „Is all gaud", grient se, „oewrigens, dat blage Oog harrst du noch nich, as du nah Hus keemst!"

*

Se huult los: „Ick glöw, de leiwst mi nich miehr!" „Doch", stoehnt he, „äwer man ward sick doch mal teihn Minuten verpusten dörben!"

*

41

Ein jung Poor hett sien Hochtied in ein Hotel fiert un se willen ok de Hochtiedsnacht dor verbringen. As de Fier vörbi is, gahn se denn ja ok rup nah ehr Stuw. De jung Mann will upsluten, äwer he kann denn' Slötel nich in't Slott kriegen. As he fief Minuten rümfummelt hett, stoehnt de junge Fru deip up un seggt. „Oh je, dat fangt ja gaud an!"

*

## Is doch allens minschlich ...

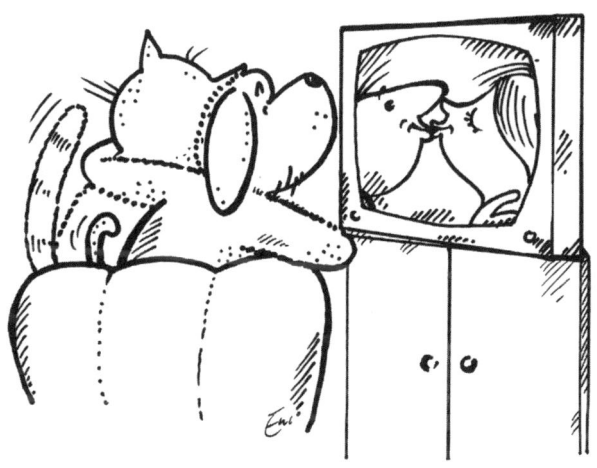

„Mann, Hannes, sühst du äwer leeg ut!"

„Ja, ick weit. Dor is blot disse doemliche Veihdokter am schuld. Mien Pierd wier nämlich krank, un dor hett he mi so'n gäles Pulver gäben un hett seggt, ick sall dat in so'n lütt Rühr daun un dat dat Pierd in denn' Hals pusten."

„Ja, un denn?"

„Denn hett dat Pierd tauierst pust'!"

*

Ein Kierl kümmt bannig in' Brass in ein Drogerie. He stüürt sick gor nich doran, dat dor noch anner Kundschaft is un bölkt los: „De Kondome, de Se mi dor gistern verköfft hebben, de reklamier ick! De farben aw!" Dor röppt ein oll Herr von achtern: „Stimmt! Un knicken daun se ok!"

*

„Herr Dokter, dörf mien Mann bi de Entbindung mit dorbi sien?"

„Klor, wi seihn dat sogor sihr giern, wenn de Vadder von dat Kind dorbi is."

„Nee, Herr Dokter, denn laten wi dat leiwer. De Vadder von dat Kind un mien Mann, de koenen sick nämlich nich lieden !"

Hannes kümmt in sienen Urlaub an einen Öko-Buurnhoff vörbi. De Buur sitt grad up de Wisch un melkt sien Kauh. Hannes geiht ran un fröggt: „Koenen Se mi seggen, wat de Klock is?" „Klor", seggt de Buur, böhrt mit beide Hänn' dat Euter von sien Kauh an un seggt: „Teihn vör vier." „Mann", staunt Hannes, „dat hebben Se dörch dat Gewicht von't Euter rutkrägen?" „Quatsch", seggt de Buur, „wenn ick dat Euter anböhren dau, denn kann ick dor ünner dörchkieken un de Klock von' Kirchturm seihn!"

*

Drei Pasters maken tausamen einen Utflugg. Dat is Sommer un bannig heit. As se an einen See vörbikamen, kriegen se Lust tau'n Baden. Natürlich hebben se kein Badbüxen mit, man wat helpt dat … Se swemmen so'n bäten, un as se spletternakt wedder ut dat Wader stiegen, kamen miteins Lüüd vörbi. Furts hollen sick twei von de Pasters de Hänn' ünnen vör, blot de drütt, de höllt sick de Hänn' vör't Gesicht. As de Lüüd nu vörbi sünd, fragen em sien beiden Amtsbräuder nah denn' Grund. „Tschä", seggt he dor, „ick weit ja nich, woans dat bi juch is, äwer in mien Gemeinde erkennen mi de Lüüd an't Gesicht."

*

De lütt Thomas geiht mit sienen Vadder spazieren. As ehr ein Mann entgägen kümmt, seggt Thomas höflich Gauden Dagg. Sien Vadder wunnert sick: „Thomas, de Herr, denn' du dor äben grüßt hest, kennst du denn'?" „Klor, Papi", seggt de Lütt, „dat is doch de Mann von' Umweltschutz!" „Von' Umweltschutz?" „Ja, de kümmt ofteins tau Mutti un fröggt, ob de Luft rein is."

*

De Kumpels sitten mit 'ne Buddel Bier bi Korl tau Hus. Denn' sien Fru is grad wütend awsuust, wiel Korl tau fuul wier, denn' Müllemmer rünnertaudrägen. „Lat ehr man zackerieren", seggt Korl, „ick bün giern mal bäten fuul. Ji nich ok?" „Doch", seggt Paul, „ick hew körtens 'n Hunnert-Euro-Schien up de Straat liggen sehn un wier einfach tau fuul, mi tau bücken." „Dat is noch gor nix", seggt dor Kurt, „ick hew bi'n Gewinnspill 'n BMW gewunnen un wier tau fuul em awtauhalen." „Hannes winkt blot aw: „Ick hew gistern twei Stunnen in't Kino säten un schriegt!" „Worüm denn dat? „Ick harr mi denn' Nors in' Sitz inklemmt un wier tau fuul, uptaustahn!"

*

„Susanne, ick hoff, dat dien niegen Fründ nu endlich mal'n soliden Minschen is!"

„Ditmal kannst du di dorup verlaten, Papa, de is ganz solide. He smökt nich, he drinkt nich, un he hett ne anstännig Fru un drei smucke Kinner!"

*

Max kümmt awmaddelt von de Arbeit nah Hus un stöhnt: „Mann, wat bün ick döstig!" „Sall ick di 'n Glas Wader halen?", frögg sien Fru. „Hest du nich tauhürt?", bölkt dor Max, „ick hew seggt ,döstig', nich ,dreckig'!"

*

Jürgen ward von de Verkehrspolizei anhollen. „Hebben Se Alkohol drunken?" „Nee, natürlich nich, keinen Druppen!" „Na, denn pusten Se mal in dit lütt Ruhr hier." „Giern. In dat rechte odder in dat linke?"

*

„Du, Rolf, ick hew hürt, du hest dat Geigenspälen upgäben?" „Ja. Ick späl nu Klavier."
„Un worüm hest du dat Instrument wesselt?"
„Von de Geig is mi ümmer dat Bierglas rünnerfollen!"

„Stimmt dat, Yvonne, dat du bi einen Film mitmakt hest?"
„Ja. Un dat hett mi bannig Hoeg makt!"
„Mann, denn wardst du ja berühmt! Villicht kriegst du sogor bald'n Oscar!"
„Oh! Osca! dat is ne gaude Idee! Un wat würdst du vörslagen, wenn dat ne Diern ward?"

*

'N ollen Kierl hett 'ne junge Diern heuradt. In de Hochtiedsnacht liggt he näben ehr un frögg nah ein Wiel: „Segg mal … dien Mudder hett di doch woll upklärt?" De Diern druckst so'n bäten rüm un seggt denn: „Nee, du, dat hett se leider nich makt." „Oh, so'n Schiet!", stoehnt dor de Oll, „un ick hew dat vergäten!"

*

'Ne junge smucke Fru kümmt in ein Awtheik, stellt sick up de Waag, smitt dor 'n Geldstück rin, kiekt up de Anzeig un schriegt up. Furts treckt se sick denn' Mantel ut, smitt wedder Geld rin, wäggt sick un schüttelt denn' Kopp. Nu treckt se Schauh, Rock un Pullover ut, smitt wedder Geld rin … Dor schüwwt de Awtheiker 'n ganzen Hümpel Kleingeld oewer'n Disch un seggt: „Maken's ruhig wieder, jung Fru, von nu an betahl ick!"

Waldemar steiht vör Gericht. As de Verhandlung up't Enn' taugeiht, seggt de Richter tau em: „Angeklagter, Se hebben dat letzte Wurt!" Dor strahlt Waldemar, dreiht sick nah denn' Saal üm, wo sien Fru sitt un röppt: „Hest du dat hürt, Olga?!"

*

Up de Betriebsfier beobachten twei Sekretärinnen denn' niegen jungen Kollegen. „Kiek mal", seggt de ein, „hett he nich 'n dulles Profil?" „Na ja", meint dor de anner, „künn äwer ok sien, dat dat blot sien Sloetelbund is ..."

*

Jochen kümmt nah Hus un seggt tau sien Fru. „Stell di blot mal vör, Hilde, Korl wull mi doch würklich vertellen, dat geew in uns Dörp blot ein Fru, de nich frömdgeiht!" „So? Na, dat kann denn blot de dicke Gertrud von Hans Beckmann sien!"

*

„Na, hett de niege Frühjohrsdiät bi dienen Mann anslagen, Marianne?" „Na klor, Elfriede. De Viermastbark, de he up sien Bost tätowiert hett, de süht all ut as 'n Faltboot!"

De lütt Maiki queest mit sienen Vadder rüm: „Papi, gah mit mi in denn' Zirkus!" De Vadder is grad bi't Zeitung läsen un brummt. „Nee, du sühst doch, dat ick kein Tied hew." „Äwer Papi, dor sall 'ne nakichte Fru up einen Tiger rieden!" De Vadder leggt de Zeitung bisiet. „Na gaud, mien Jung, denn gahn wi äben hen. Ick hew all lang'n keinen Tiger miehr seihn."

*

Paul rast de Treppen hoch, störrt in sien Wahnung, toowt gliek dörch in de Slaapstuw tau sien Fru un bölkt. „Fix, treck di an, dat Hus brennt!" Dor kümmt ut dat Kleederschapp ne Stimm: „Vergät' üm Gotteswillen de Möbel nich!"

*

Herr Weidemann kümmt nachts nah Hus un stolpert in' Husflur oewer einen Minschen. He kiekt neger hen un seggt denn. „Ach, dat harr ick mi ja denken künnt, Se sünd dat, Herr Möller. Sünd Se wedder so duun, dat Se nich rupfinnen koenen?" „Wat sall dat heiten?", seggt Möller, klor finn ick rup! Ick wier sogor all drei Mal baben!"

*

De Liehrer in de Vokshochschaul fröggt: „Wecker wier woll noch schöner as Apollo, noch kläuker as Einstein un noch fixer as Zatopek?" Fiete meldt sick: „Dat wier Kunibert!" „Kunibert?", fröggt de Liehrer, „wecker wier denn Kunibert?" „Dat wier de ierste Mann von mien Fru!"

*

Hannes kümmt mit sienen Hund nah denn' Tierarzt un seggt: „Kupieren Se mienen Hasso bitte denn' Steert, Herr Dokter, äver so kort as dat man geiht." „Nee", seggt dor de Dokter, „dat ward hüt blot noch makt, wenn dat unbedingt nödig is." „Äver dat is unbedingt nödig", stoehnt Hannes, „morgen kümmt nämlich mien Swiegermudder tau Besäuk, un de sall up keinen Fall marken, dat sich einer freuen deiht!"

*

Heike makt Autogenes Training. As ehr Mann nah Hus kümmt, liggt se grad up dat Sofa un seggt ümmer vör sick hen: „Ick bün schön, ick bün schön, ick bün schön ..."
Dor leggt sick ehr Mann dornäben un seggt: „Ick bün blind, ick bün blind, ick bün blind ..."

*

In de Schaul, in dat Fach „Lebenskunde" seggt de Liehrer. „Ja, Kinner, un in dat Öller ward de Harmonie bi twei Minschen, de tausamenläben denn ümmer grötter. Giwwt dat in juch Familie villicht ok ein Bispill dorför?" Felix meldt sick: „Ja! Opa snorkt, un Oma hürt dat nich miehr!"

*

Kuno kümmt bi Paul vörbi un süht, dat de sick dormit awquälen deiht, 'n swores Schapp de Trepp hochtauwuchten. He wunnert sick un fröggt: „Ick dacht, Heiner wull di dorbi helpen? Is he nich kamen?" „Doch", stoehnt Paul, „he helpt mi ja ok. He sitt binnen un höllt de Kleederbügels fast!"

*

De Hotel-Chefin süht, dat de jüngst Kellner heimlich ut de Dör wutschen will un röppt achteran: „He, wo wisst du denn hen?" De Jung bliwwt stahn. „In Puff, Chefin", seggt he driest. De schnappt nah Luft. „Also, dor hört sick doch woll allens up! Du bliwwst hier un geihst furts wedder an dien Arbeit, klor?" „Klor", grient de Jung, „denn möt sick Seehr Mann sienen Rägenschirm äben sülben wedder awhalen!"

Willi will bi'n Schlachter 'n Pund Herz köpen. „Is dat Herz ok frisch?", fröggt he. De Schlachterollsch kiekt em an: „Frisch? Dat is so frisch, dor koenen Se noch 'n EKG von maken laten!"

*

Bi ein jung Diern bimmelt dat Telefon. As se rangeiht, hürt se. „Hallo Sigrid! Ick hew äben grad an di dacht, un dor bün ick furts so scharp up di worden ... kann ick gliek tau di kamen?" „Klor, Peter", seggt se, „kam so fix as du kannst!" Verbaast kümmt dat trügg: „Äwer ick heit doch gor nich Peter" „Dat makt nix, ick heit ok nich Sigrid!"

*

Manfred kümmt in' Kraug un bestellt gliek drei Bier. As de Kräuger sick doroewer wunnert, seggt he: „Ach weiten Se, ick hew twei Bräuder. De ein is nah Amerika utwannert un de anner nah Australien. Up de beiden drink ick nu ümmer 'n Bier mit." Manfred ward so bilütten Stammgast in denn' Kraug. Nah ein halw Johr bestellt he mit mal blot twei Bier. De Kräuger kiekt un seggt. „Oh, dat deiht mi leed, ein Brauder von di is woll storben?" „Nee", seggt Manfred, „äwer ick hew mit dat Supen uphürt."

De Scheidungsanwalt seggt tau sien Klientin: „Äwer jichtenwat Gaudes möt Seehr Mann doch hatt hebben, as Se em damals heuradt hebben." „Ja", seggt de Fru, „äwer dat hebben wi bet up denn' letzten Penning verbrukt!"

*

Karola söcht in de ganz Wahnung ümher. „Hest du mien Bauk seihn?", fröggt se endlich ehren Mann. „Wat denn för'n Bauk?" „Na, dat Bauk ,Wie werde ich 100 Jahre alt'!" „Ja", seggt he, „äwer dat hew ick weggsmäten." „Weggsmäten? Worüm denn dat?" „Dien Mudder wull dat läsen!"

*

De Öllern von Gabi sünd utgahn, un Gabi will mit ehren Fründ de Gelägenheit utnützen. Blot Olaf, de lütt Brauder von Gabi sitt de ganze Tied dor un kiekt de beiden an. Dor hett de Diern mit mal ne Idee: „Du, Olaf, wenn ick di nu fief Euro gäw, würdst du denn in't Kino gahn?" Olaf seggt nix, löppt in sien Stuw, kümmt mit sien Sporbüss trügg un fröggt: „Un wenn ick juch teihn Euro gäw, dörf ick denn hierblieben un taukieken?"

*

Ein Poor sitt in ein vörnähm Restaurant. Dor kümmt mit mal de Oberkellner an denn' Disch un flüstert de Dam in't Uhr: „Gnädig Fru, wenn se dat nich markt hebben süllten ... Seehr Mann is äben ünner denn' Disch rutscht!" De Dam schüttelt denn' Kopp. „Nee, Herr Ober, dat stimmt nich. Mien Mann is grad dörch de Dör kamen!"

*

De jung Ehemann klagt sienen Swiegervadder sien Leed: „Ick ward mit ehr Grappen einfach nich miehr fardig! Kannst du mi nich 'n gauden Rat gäben?" „Nu ja", seggt de Oll, „wenn dat früher mit ehr nich so recht wull, denn hew ick ehr e Büx rünnertreckt un denn geew dat düchtig wat up denn' Blanken." „Ach", stoehnt dor de jung Mann, „dat hew ick ok all versöcht. Äwer ümmer wenn ick ehr Büx dal hew, denn kann ick ehr einfach nich miehr bös sien!"

*

„Also, Roswitha, ick möt seggen, ick bün mit mienen Mann in de letzte Tied siehr taufräden. He smökt tau Hus blot noch nah ein richtig gaudes Äten." „Dat is ja schön Susi. De ein, twei Zigaretten in't Johr warden em ja ok nich schaden!"

55

De Schwergewichtsboxer hett heuradt. In de Hochtieds-
nacht treckt he sick ganz ut, stellt sick vör dat Bett, pumpt
sienen Bostkasten so richtig up un lött an sien beiden
Arms denn' Bizeps spälen. „Kiek mal, mien Diern", seggt
he, „dat is dat reine Dynamit!" „Na ja", meint se un kiekt
em so an, „nauch Dynamit is ja dor, blot man so'n bäten
wenig Zündschnur ..."

*

„Du, Eberhard, worüm is di eigentlich Renate wegglopen?"
„Ick hew ehr von mienen rieken Unkel vertellt."
„Ja un?"
„Dor is se furts mien Tanten worden."

*

„Seggen Se mal, jung Mann, würden Se mien Dochter ok
heuraden willen, wenn se nich so riek wier?"
„Klor! Ick würd ehr sogor nähmen, wenn se nix harr as dat
Hemd up denn' Nors!"
„Denn maken Se man fix, dat Se weggkamen! Idioten
kann ick in mien Familie nich bruken!"

*

## Kinnings, Kinnings ...

Ein Vadder führt mit sien beiden lütten Jungs mit de Bahn in Urlaub. De Bengels toben as unklauk dörch denn' Wagen. Dor kümmt de Schaffner un seggt: „Hüren Se, wenn de beiden mit de Mallerie nich uphüren, denn giwt dat Arger!" De Mann lacht blot: „Arger? De ein hett de Büxen vull, de anner hett de Fohrkorten ut'n Finster smäten, un in' verkiehrten Togg sitten wo ok. Wat willen Se mi nu woll noch för Arger maken?"

*

Buur Klutmann hett sienen lütten Soehn döpen laten. As de fierliche Handlung vörbi is, seggt de Paster: „Dat is ja'n ganz leiwes un stilles Kind! Obschons dat Wader 'n bäten kolt wier, hett he kein bäten rohrt." „Klor", seggt Klutmann ganz stolz, „dat will ick meinen, Herr Paster! Wi hebben ja ok all vierteihn Daag ünner de Pump mit em trainiert!"

*

Familie Möller ut Schwerin makt bi Frünn' in Bayern Urlaub. De lütte Jens ut Mäkelborg spält dor nu schön denn' ganzen Dagg mit de lütt Anna ut Bayern. Abends warden de beiden nu tausamen in de Badwann stäken. As denn de beiden sick so nakicht gägenoewer stahn, kiekt Jens Anna mit mal so an un seggt: „Oh Mann, ick hew gor nich wüßt, dat twischen evangelisch un katholisch so'n Ünnerscheid is!"

An' Frühstücksdisch bi Buur Harms fröggt em sien So-
ehn Tobias: „Vadder, du hest mi dat all lang verspraken,
wenniehr köfftst du mi nu endlich'n Mofa?" „Dat hew ick
di doch seggt", brummt de Oll, „wenn de Trecker betahlt
is." Dor meldt' sick ok de lütt Benni: „Un wenniehr krieg
ick endlich'n Dreirad?" Nu ward Harms fünsch: „Dat hew
ick di ok all seggt! Ierst, wenn de Trecker betahlt is!" Benni
blarrt, geiht up denn' Hoff un süht dor denn' Hahn up ein
Hauhn sitten. Dor giwt Benni em'n Tritt un bölkt: „Iehrer
de Trecker nich betahlt is, geihst du ok tau Faut!"

*

„Du, Mami?"

„Ja, mien Jung?"

„So, as wi in uns Familie tausamenläben, so is dat bi dat
Veih up unsen Hoff doch ok?"

„Nu ja, so ähnlich taumindst."

„Ick bün in uns Familie dat Kalw."

„Wenn du dat so verglieken deihst, ja."

„Un du büst de Kauh."

„Ja, wenn du so wisst ..."

„Un Papi is de Bull."

„Nee, mien Jung, Papi is de Oss, denn' Bullen kennst du
gor nich!"

59

Tante Berta is nah lange Tied mal wedder tau Besäuk kamen un freut sick: „Ach is dat schön, dat de Kinner mi gliek wedderkennt hebben!" „Dat is doch klor", brummelt de lütt Tommi vör sich hen, „Gäst, de nix mitbringen, de marken wi uns!"

*

Svenni steiht vör dat Hus un rohrt as verdull. As de Nahwersch em nah denn' Grund fröggt, blarrt he los: „Mien Goldhamster is dootbläben!" „Scham di, Svenni", seggt de dor, „as körtens dien Tante Elfriede storben is, dor hest du nich so weint!" „Nee, huult Svenni", de harr ick ja ok nich von mien Taschengeld köfft!"

*

„Jung, nu ward dat woll Tied, dat ick di mal upklären dau. Also, de Wiehnachtsmann un de Osterhas, dat wier ümmer ick." „Dat weit ick doch, Papi! Blot de Adebor, dat wier ümmer Onkel Klaus!"

*

„Kann mi einer seggen, wat ‚Elemente' sünd?"
„Ja, Herr Liehrer, dat is dat Geld, dat Mutti jeden Monat för mi kriggt."

De Kinner hebben de ierste Stunn' Sexualkunde, un de Liehrer frögt: „Wenn de Hahn up dat Hauhn sitt, wat makt he dor woll?" Furts meldt sick Matthias: „De stempelt de Eier, Herr Liehrer!"

*

De Liehrerin kümmt in de Klass un is bannig bös: Wecker hett dor buten up denn' Schaulhoff mienen Namen in denn' Snei pinkelt?" Tim druckst ierst noch so'n bäten rüm, äwer denn' meldt he sick: „Pinkelt hew ick, Fru Neumann, äwer schräben hett Jaqueline!"

*

„Vadding, is Afrika wiet wegg?"
„Ick glöw nich. In uns Firma arbeit' nämlich 'n Afrikaner, un de kümmt ümmer mit' Fohrrad."

*

Ein Liehrer in Ostfriesland hett 'ne Klassenfohrt organisiert un steiht nu mit sien 3. Klass up denn' Bahnhoff. Einen Togg nah denn' annern lött he weggführen. Nah drei Stunnen ward em de Tied doch tau lang un he seggt: „Nu is't egal, denn' nächsten nähmen wi. Ok wenn dor blot wedder 1. un 2. Klasse ansteiht!"

De lütt Soehn von Kräuger Brinkmann hett sienen iersten Schauldagg hatt. He kümmt nah Hus un sien Vadder fragt em: „Na, woans wier't denn so, mien Jung?"
„Ach weitst du, Vadding", seggt de Lütt, „süss wier dat ja ganz schön, blot denn' Kierl achter denn' Tresen, denn' künn ick nich lieden!"

*

De Vadder strahlt. „Ick kann di hüt morgen wat ganz Schönes vertellen, mien Jung. De Klapperstorch hett di oewer Nacht ne lütt Süster bröcht!"
De Lütt kiekt em an un seggt: „Also, Papi, dat verstah ick nich. Dor lopen so väl scharpe Frugens rüm, un du löttst di mit so'n doemlichen Vagel in!"

*

De Religionsliehrer knöpt sick denn' Vadder von einen Jungen ut sien Klass vör un seggt: „Also, Se möten würklich mal 'n bäten miehr för de Bildung von Seehrn Soehn daun! De hett hüt noch nich mal wüßt, dat uns Herr Jesus Christus för uns storben is!" „Na ja", meint dor de Vadder, „dorför kann de Jung nix. Wi wahnen ja 'n bäten wiet aw von't Dörp ... also, ick möt taugäben, wi hebben nich mal wüßt, dat de Herr oewerhaupt krank wier."

Ein Schäuler löppt sien Mathe-Liehrer achteran: „Herr Wöttelmann, Se hebben hier äben twintig Euro verluren!" De freut sick. „Danke, dat is äwer nett von di!"

Doch de Jung is noch nich taufräden. „Kriggt man dorför nich teihn Prozent Finderlohn?" Nu ward de Liehrer argerlich. „Ward man nich utverschamt, mien Jung! Hier hest du fief Euro un dormit büst du taufräden, klor?!"

*

„Seggt mal, Kinner, worüm giwwt dat woll miehr Minschen as Apen?" „Dat is doch klor, Herr Liehrer! In't Bett makt dat miehr Spaß as up de Bööm!"

*

„Fru Möller! Seggen Se endlich Seehr'n Soehn, dat he uphollen sall, mi ümmer allens nahtaumaken!"
„Natürlich, entschülligen Se. – Fredi! Hür endlich up, di as 'n Bekloppten tau benähmen!"

*

„Harald, weitst du eigentlich all, wat du mal warden wisst, wenn du grot büst?" „Klor. Dokter odder Kunstmaler odder Finsterputzer!" „Worüm denn grad dat?" „Dor kann ick mi denn' ganzen Dagg nakichte Wiewer ankieken!"

63

De Nahwersch fröggt de lütt Simone: „Na, mien Diern, is dien lütt Bräuding odder Swesting nu all dor?" „Ja", seggt Simone, „un sogor gliek drei Stück!" „Wat denn, Drillings? Na dat is ja wat? Un woans heiten de?" „Mien Vadder hett seggt: ‚Himmel, Arsch und Zwirn'!"

*

Bi ein Fautballspill sitt ein lütt Jung up einen ganz düren Tribünenplatz. Denn' Mann näben em wunnert dat. „Wo hest du denn de Kort för dissen Platz her, mien Jung?" „Von mienen Vadder." „So, un wo is dien Vadder?" „De is tau Hus un söcht se!"

*

Seemann Hein wier oewer ein Johr lang up de Weltmeere ünnerwägens un kümmt nu wedder mal nah Hus. De lütt Stephan hett Bang vör em un will sick verkrupen. „Äwer mien Jung", seggt Hein, „du brukst doch kein Bang vör mi tau hebben, ick bün doch dien Papi!" Stephan kiekt em grot an: „Wat denn, du ok?"

*

„Also, leiw Kinner, wi hebben hüt liehrt: Allens wat Feddern dräggt, leggt ok Eier."
„Un woans is dat mit de Indianer?"

# Man kann nich ümmer blot marachen ...

Ein Fautballer knallt mit einen annern Späler tausamen, föllt hen un wöltert sick nu ümmertau up de Ierd hen un her. Dor geiht de Schiedsrichter nah em ran un fröggt: „Sall ick denn' Dokter raupen laten, odder denn' Theaterkritiker?"

*

Bi'n Boxkampf döschen de beiden in denn' Ring bannig up sick in. In de ierste Reig von de Taukiekers sitt ein Kierl un bölkt ümmertau: „Los, Erwin! Haug em weck rin! Jawoll, noch so einen! Haug tau, Erwin, ümmer rin in de Snut!" Dor fröggt em sien Nahwer: „Se sünd woll 'n groten Fan von Erwin?" „Nee", seggt de, „ick bün de Tähndokter von denn' annern!"

*

Hannes will mit' Auto nah Spanien in Urlaub führen. Manfred is tau'n Tschüß seggen vörbi kamen un süht, dat Hannes tauletzt ok noch sienen Fernseher in dat Auto wrangt. „Hest du mi nich vertellt, Hannes, dat du dor in ein düres Hotel wahnst?"

„Ja, worüm fragst du?" „Na, dor möt doch in jede Stuw ok 'n Fernsehapparat sien."

„Ja, dat woll, äver ick verstah doch kein Spanisch!"

Fritz kiekt sick ein Fautballspill von sien Dörpmannschaft an. Sienen lütten Soehn hett he sick up de Schuller sett, un de Lütt bölkt nu ok ümmer düchtig mit: „Abseits! Foul! Freistoß!" „Dunnerlüchting", wunnern sick de Kumpels von Fritz, „dien Jung hett ja all bannig Ahnung von Fautball!" Fritz is natürlich stolz un freut sick. Mit mal ritt he denn' Jungen runner un ballert em ein. „He, wat sall denn dat?", rägen sick dor sien Frünn' up. „Wat dat sall?", bölkt Fritz, „ ‚Foul' un ‚Abseits' kann he seggen, äwer nich, dat he pinkeln möt!"

*

Hannes makt Urlaub in Frankreich. As he dor eines Daags an de Loire spazieren geiht, süht he, dat dor ein in't Wader spaddelt, ümmertau bölkt un binah an't versupen is. Hannes springt rin, halt em in' letzten Momang rut un treckt em an't Äuwer. „Oh", seggt de, as he wedder bi Pust is, „mon Dieu, je suis sauvé!" „Jung", seggt dor Hannes, „du harrst man leiwer swemmen liehren süllt statt Französisch!"

*

Nah dat Fautballspill fragt ein Späler denn' Schiedsrichter: „Woans heit eigentlich Seehr Hund?" „Hund? Ick hew doch gor keinen Hund!" „Wat denn, blind un keinen Hund?"

'Ne jung Diern will mit ehren Fründ allein in Urlaub führen. De Mudder giwt ehr vörher dusend gaude Ratslääg. Nah ein Stunn' seggt de Dochter: „Allens klor, Mutti. Wat ick daun möt, wenn he tau updringlich ward, dat weit ick nu. Äwer wat mak ick, wenn he tau doemlich is?"

*

Ralf hett bi sienen Winterurlaub in't Gebirge ne säute Diern kennenliehrt. As he bi einen Spaziergang in ein deipe Schlucht mit ehr allein is, fat' he ehr üm un küßt ehr. Se halt ut un ballert em einen ..., un noch einen ..., un noch einen ... Nah denn' sössten höllt se up un seggt: „Entschülligung, so väl wieren villicht nich nödig wäst, äwer dat Echo is hier grad so schön!"

*

Dat Ehepoor Schauster is bäten giezig. Dorüm verzichten se bi ehren Urlaub in de Alpen ok up einen Bergführer un trecken allein los. Un as de Düwel dat will, duurt dat nich lang un se sünd in einen twintig Meter deipen Felsspalt rutscht un kamen nich wedder rut. De Dagg vergeiht un de Nacht ok. An' annern Morgen röppt ein Stimm von baben: „Hallo! Hier is dat Rode Krüz!" Furts bölkt Schauster trügg: „Wi gäben nix!"

68

Gabi makt ein Seereis. Up dat Schipp ward se von fief jung Männer ümschwärmt un weit nich, för weckern se sick entscheiden sall, denn all fief sünd smuck un nett. As se denn' Kapitän in' Vertrugen üm Rat fragt, seggt de: „Dat is doch ganz einfach. Fragen se, wecker för Se in't Wader springt!" As de fief wedder mal all up't Deck sünd, fröggt Gabi ok: „Wecker springt woll för mi in't Wader?" Ruck-zuck hüppen vier oewer Burd. As se nah ein Tied wedder baben sünd, kiekt Gabi all de Reig nah an un seggt: „Weit' ji wat, Jungs? Ick nähm denn' Drögen!"

*

In Schwerin is 'ne Utstellung von Ägyptische Kunst. De Utstellungsführer verklort: „Dit hier, miene Damen un Herren, is ein Mumie. De is oewer dreidusend Johr olt, de hett villicht sogor all Moses seihn!" Hannes wunnert sick: „Nanu? Wier denn Moses oewerhaupt in Schwerin?"

*

Twei Angler stahn an' See un Angeln. Nah drei Stunnen geiht de ein so'n lütten Schritt bisiet. Furts bölkt de anner los: „Stah doch still, Mann! Angeln wi hier, odder danzen wi Foxtrott?!"

69

De beiden niegen Kollegen Klaus un Dieter gahn nah ehren iersten gemeinsamen Arbeitsdagg tausamen 'n Bier drinken, üm sick mal bäten neger kennentauliehren. „Prost", seggt Klaus, „büst du eigentlich verheuradt? Hest du Kinner?" „Ja", seggt Dieter un nimmt ok 'n Schluck, „verheuradt un fief Kinner." „Fief Kinner? Alle Achtung, dat will ja würklich wat heiten hütigendaags! Un allens Wunschkinner?"

„Nu ja", seggt Dieter un ward so'n bäten verlägen, „eigentlich nich. Dat passiert ümmer so in denn' Sommerurlaub, weitst du, denn sünd de Hormone villicht besünners in Gang ..." „Mann!", röppt Klaus dor, „de Urlaub steiht ja all wedder vör de Dör, denn paß blot up, dat dit Johr nich wedder wat passiert. Fief reiken doch!"

Dieter winkt aw. „Dit Johr passiert nix, dat is all klor. Dit Johr führ ick nämlich mit."

*

„Du, Werner, findst du dat schön, dat sick uns Frugens nu ok all för Fautball interessieren?" „Nee, du, ganz un gor nich. Mien Ollsch hett mi körtens, as ick bäten duun nah Hus keem, de rode Kort wiest un mi ut dat Bett smäten." „Tröst di man, Werner, dat hett mien ok all makt. Äwer de hett dorför ok noch 'n Ersatzmann in't Spill nahmen!"

Fru Meier hett einen anthroposophischen Gärtnerkurs makt un verklort dat nu ehren Mann: „Du mößt mit de Planten ümmer ganz leiw snacken, Jöching. De verstahn dat un wassen denn besünners gaud." Ehr Mann denkt nah. „Aha", meint he denn, dor ward ick nu gliek mal in denn' Gorden gahn un dat Unkrut beleidigen!"

*

„Fautball, ümmer blot Fautball, wat anners kennst du gor nich miehr", rohrt Fru Blischke, „ick glöw, du würdst nich mal tau mien Beeirdigung kamen, wenn dor grad 'n Fautballspill is!" Blischke grient. „Glöwst du, ick würd di utgeräkend denn beeirdigen laten, wenn grad ein Fautballspill löppt?"

*

Jürgen beschwert sick nah ein slaplose Nacht bi denn' Hoteldirekter: „Stellen Se sick mal vör, hüt nacht hebben in mien Stuw stundenlang twei Rotten rümtoowt un sick bäten!" „Na un?", seggt de Direkter, „glöben Se villicht, för 50 Euro de Nacht maken wi för Se 'n Stierkampf?"

*

Morgens in' Düstern steiht de Mann up un geiht up Jagd. As he in' Busch is, fangt dat bannig an tau pladdern. He kiehrt wedder üm, slickt sick ganz lies in de Slapstuw un krüppt vörsichtig tau sien Fru in't Bett. „Woans is denn dat Wäder buten?", fröggt de dor. „Kolt un natt", seggt he. Dor fangt se an tau lachen.„Un mien Mann, disse Schapskopp is bi dit Wäder up Jagd gahn!"

*

Max flüggt dat ierst Mal. De Stewardess kümmt un giwt em einen Bonbon. „Hier, dat is gaud gägen dat Susen un Drücken in de Uhren." Nah de Landung geiht Max hen tau ehr un seggt: „Dat hett gaud hulpen, äwer koenen Se mi seggen, woans ick dat Ding nu wedder ut mien Uhr kriegen dau?"

*

Oma Möller reist dat ierst Mal in ehr Läben mit einen Fleiger. As se ne Stunn' in de Luft sünd, möt se mal up't Klo, äwer se verwessel de Dören un kümmt in dat Cockpit. Se schriegt up, rast trügg tau de Stewardess un röppt upgerägt: „Kamen Se fix mal mit! Up dat Damenklo sitten vier Männer un kieken Fernsehen!"

Ne junge Fru ut de Stadt makt Urlaub up einen Buurn-hoff un will unbedingt ok Melken liehren. De Buur bringt ehr dat ok bi, un bald dörf se ok ein Kauh mal ganz allein melken. As de Emmer vull is, sett se em de Kauh vör dat Muul. De Buur wunnert sick un frögt: „Wat sall denn dat? Sall de Kauh de Melk villicht supen?" „Nu ja", seggt se, „de Melk keem mi so'n bäten dünn vör, dor wull ick se noch mal dörchlopen laten!"

*

In de Höll is dat langwielig, un de Düwel röppt bi Petrus an un slöggt vör, dat de Himmel doch mal gägen de Höll Fautball spälen künn. Petrus meint: „Giern, leiw Düwel, äwer ji ward't ahnen verlieren. All gauden Fautballers sünd nämlich bi uns hier baben!" „Ach", seggt de Düwel, „dor wier ick mi gor nich so sicher. Bi uns hier ünnen sünd nämlich de Schiedsrichter!"

*

An' Strand frögt ein Herr de Dam, de näben em liggen deiht: „Is dat villicht Seehr Soehn, de dor grad in mienen Strohhaut pullert?" „Nee", seggt de, „mien Soehn is de, de grad utprobiert, ob Seehr Radio ok ünner Wader spälen kann!"

73

Manfred sien Auto is würklich nich miehr dat niegst Modell. As he Hannes mal mitnimmt, seggt de: „Du, dien Tacho is ja kaputt. Du kannst ja gor nich weiten, wo fix du führst!" „Doch", meint Manfred, dat weit ick ok so. Bi 40 klappert de Utpuff, bi 60 klappern de Dören un bi 80 klappert mien Fru mit de Tähnen!"

*

De jung Ehemann sitt abends vör denn' Fernseher un kiekt Fautball. Sien Fru luurt un luurt, doch he will einfach nich mit in't Bett kamen. Dor treckt se sick nakicht ut un stellt sick vör denn' Bildschirm. Ne kiekt blot un seggt: „Glöwst du villicht, dat du mit disse Figur gägen Brasilien anträden künnst?"

*

Se sünd ganz taufällig an' Strand näb'nanner tau liggen kamen un hebben sick denn' Dagg oewer kennenliehrt. Nu is dat Abend worden un se liggen ümmer noch dor un kieken nu in de Stierns. Dor frögt he: „Sall ick di mal denn' groten Bären zeigen?" „Ja", seggt se, „äwer wat maken wi, wenn nu einer vörbikümmt?"

*

# Blieben's schön gesund ...

Günter hett Sorgen mit sien Potenz. De Dokter meint, dat liggt blot an sien Kondition, un dat einzig Mittel, dat helpen würd, dat wier lopen, lopen un ümmer wedder lopen, jeden Dagg teihn Kilometer. Drei Wäken later röppt Günter denn' Dokter an. „Naa", fröggt de, „geiht' nu wedder mit denn' Sex?" „Woher sall ick dat weiten", japst Günter, „ick bün ja all oewer tweihunnert Kilometer wegg von tau Hus!"

*

De Dokter hett Wolfgang gründlich ünnersöcht. „Tschä", seggt he denn, „Seehr Hart is bannig angräpen, Herr Peters. Ick kann Se blot raden: Kein Uprägung miehr, nich mal de lüttste!" „Is gaud, Herr Dokter", seggt Wolfgang, „dat geiht in Ordnung. Von hüt an blot noch Sex mit mien Fru."

*

Fru Fink hett 'n Unfall hatt un liggt nu in't Krankenhus. De Dokter steiht an't Bett. „Schrieben Se, Schwester: Schlüsselbeinfraktur, Rippenquetschung, Abschürfungen... wo olt sünd Se, Fru Fink?" Nägenuntwintig, Herr Dokter." „Ach so? Schwester, denn schrieben Se ok noch: Schwerer Gedächtnisverlust."

De smucke Elvira kümmt in de Spräkstunn'. „Se möten mi helpen, Herr Dokter. Ümmer wenn ick Alkohol drink, denn ward ick all nah dat ierste Glas so scharp, dat ick denn' nächstbesten Kierl tau Liew gah." „Ach", seggt dor de Dokter, „dat is gor nich schlimm, mien Fröllein. Hier hebben Se ierst mal'n Glas Cognac un denn seihn wi mal wieder ..."

*

De Tähnendokter seggt an' Stammdisch: „Hüt hew ick de schönsten Minuten in mien ganze Praxis beläwt!" „Oh", seggen sien Kumpels, „vertell doch mal!" „Giern", grient de Tähnendokter, „ick hew de Fru vör mi in denn' Stauhl denn' Bohrer vör dat Gesicht hollen, hew em düchtig hulen laten un hew denn fragt: ‚Sünd se nich de Politesse, de mi ümmer disse Zettel an dat Auto klemmt?'"

*

Fru von Fipsenburg kümmt in denn' Kosmetikladen. „Ick mücht giern disse niege Schönheitscreme hebben, de in de letzt Tied ümmer in de Werbung is." „Giern", seggt de Verköperin, „Se nähmen doch säker gliek de Fief-Kilo-Dos', odder?"

Fru Lehmann sitt up denn' Stauhl von' Tähnendokter, hett denn' Mund wiet up un de Dokter will grad anfangen. Mit mal ward he stutzen un fröggt: „Fru Lehmann, kann dat sien, dat Se seehr Hand twischen mien Bein hebben?" „Ja", seggt de, „dat hew ick, Herr Dokter. Un nu willen wi beid uns mal schön Mäuh gäben, dat wi uns nich weih daun!"

*

„Na, Herr Ossenkopp, ok mal wedder in mien Spräk-stunn'? Wat fählt Se denn ditmal?"

„Ja, weiten se, Herr Dokter, dat is ganz gediegen: Wenn ick mien Bein antippen dau, deiht dat weih, wenn ick mienen Arm antippen dau, deiht dat weih un wenn ick mienen Kopp antippen dau, deiht dat ok weih ..."

„Allens klor, Herr Ossenkopp, ick weit, wat Se fählt. Se hebben sick denn' Finger braken."

*

Konrad liggt in't Krankenhus un möt operiert warden. Vör de Operation fröggt he: „Herr Dokter, bi de Narkos' ... wat nähmen Se dor? Nähmen Se Äther?" „Nee", seggt de Dokter, „Äther nähmen wi oewerhaupt nich. Denn dör-ben wi nämlich bi de Operation nich smöken!"

Fru Kunze liggt krank in't Bett, ehr Mann röppt denn' Dokter un de geiht ok gliek tau ehr in de Slapstuw. Nah korte Tied kümmt he rut un seggt: „Kann ick woll mal ne Knieptang kriegen?" Kunze giwt se em, un he verschwindt wedder. Äwer dat duurt nich lang, dor kiekt he wedder rut un fröggt: „Koenen Se mi villicht ok noch'n Schrubentrecker gäben?" Kunze bäwern all de Hänn', äwer he giwwt denn' Dokter ok denn' Schrubentrecker. De is nah korte Tied all wedder buten un seggt. „Dat nützt nix, nu bruk nu noch'n Hamer un ne lütte Bräkstangen." Kunze ward blaß. „Steiht dat so leeg üm mien Fru, Herr Dokter?" „Woher sall ick dat weiten", seggt de, „ick krieg ja mien Tasch nich up!"

*

Opa Krause kümmt tau'n Ogendokter. „Ick hew ein grot Problem, Herr Dokter. Ick möt ümmertau mit dat linke Oog plinkern!" „Äwer dat is doch nich so schlimm!" „Doch, Herr Dokter! Ümmer wenn ick in de Awtheik Aspirin hebben will, denn plinkert dat, un denn gäben se mi Kondome!"

*

„Herr Dokter, ick hew so gräsige Tähnenweihdaag! Äwer ick bün nich krankenversichert!"
„Na gaud. Denn nähm ick denn' Handbohrer."

*

Nah de Gesundheitsreform kümmt ein Mann tau'n Tähnendokter. „Herr Dokter, wat kost' dat, wenn Se mi dissen Tähn hier ruttrecken?" De Dokter kiekt denn' Tähn an un seggt: „Dat kost' hunnertföfftig Euro." De Mann halt'n Schien ut de Tasch. „Hier, Herr Dokter, sünd föfftig Euro. Dorför koenen Se em 'n bäten losjackeln, denn' Rest schaff ick denn allein!"

*

# Wenn't kümmt, denn kümm't ...

„Minsch, Paul, wo hest du denn dat blage Oog her?"

„Von't bäden."

„Wat?"

„Ja, wi bäden doch tau Hus ümmer vör dat Äten. Un as ick gistern bäd't hew ‚Und erlöse uns von dem Übel…', dor möt ick woll taufällig mien Schwiegermudder ankäken hebben."

*

„Oh, oh, Fru Martens, de Korten seggen grotes Unheil vörut! Ick seih hier ganz dütlich, dat Seehr Mann starben ward!" „Dat weit ick doch. Seggen Se mi leiwer, ob se mi schnappen!"

*

Twei Männer sitten tausamen in' Togg, un de ein kloppt ümmer an de Finsterschiew. Denn' annern föllt dat up denn' Wecker, un he fröggt: „Worüm kloppen Se denn blot ümmertau an dat Finster?" „Ach weiten Se", seggt de anner, „ick hew so'n slicht behöllern Kopp. Ick will in Cloppenburg utstiegen, un dormit ick mi dat marken kann, klopp ick ümmer." „Ach so", seggt dor de Kierl gägenoewer, „denn kann ick ja noch froh sien, dat Se nich in Pforzheim rut willen!"

82

„Hebben Se woll einen Brillantring för dreidusend Euro?"

„Ja, sowat hew ick, gnädig Fru. He sall genau dreidusend Euro kosten?"

„Ja. In dat Testament von mienen Mann stieht, ick sall dreidusend Euro för einen Gedenkstein utgäben."

*

De lütte Jens helpt denn' Paster dorbi, 'n Häuhnerstall tau bugen. As se dormit fardig sünd, drückt em de Preister 'n Breifümslagg in de Hand. Jens makt em tau Hus up, find't dor binnen 'n Zettel un läst: „Du bist Gottes Sohn, du brauchst keinen Lohn."

Twei Wäken later sünd denn' Paster sien Hähner verswunnen, un an de Stalldör hangt ein Zettel: „Du büst Gottes Deiner, du brukst kein Häuhner!"

*

„Ick harr giern ein Poor Schauh mit 'n flachen Awsatz."

„Siehr giern. Hebben Se dor all irgendwat bestimmtes in't Oog fat'?"  „Nee."

„Wecke Farw sallen se denn hebben?"

„Dat is mi eigentlich egal."

„Tau wat willen Se de Schauh denn drägen?"

„Tau einen lütten fetten Millionär."

Brunhilde hett sick ganz un gor anners upstylen laten: Kosmetik, niege Hoorfarw, niege Frisur ... As se bi'n Frisör rutkümmt, süht se ehren Mann de Straat dalkamen. Se stellt sick an de Eck, verstellt ehr Stimm un fläut': „Na, mien Säuten, woans wier't denn mit uns beiden?" „Nee", seggt ehr Mann, „mit Di nich. Du erinnerst mi tau dull an mien Ollsch!"

*

„Manfred, wecker hett di blot dat Veilchen verpaßt?"
„Mien Fru."
„Un wat hest du wedder anstellt?"
„Ick hew blot ‚DU' tau ehr seggt!"
„Blot ‚DU'?"
„Ja. Se hett seggt: ‚Wi hebben nu all'n halw Johr lang keinen Sex miehr hat.' Un dor hew ick blot seggt: ‚DU'!"

*

In de Stratenbahn sitt 'ne jung Fru mit einen lütten Hund up denn' Schoot. De jung Mann ehr gägenoewer will so'n bäten anbändeln un seggt: „Ach, wat wier dat schön, wenn ick disse lütte Hund sien dörft!" „So?", grient dor de jung Fru, „meinen Se würklich? Ick führ nämlich grad mit em tau' Kupieren!"

Paula un Willi hebben in't Lotto gewunnen. Se köpen sick ne Villa, 'n grot Auto, 'ne Yacht un leggen einen Golfplatz an. Eines Daags kamen se ok in ein Baukhandlung un Willi fröggt: „Hebben Se woll ein Bauk oewer ‚Das Geschlechtsleben der höheren Klasse'?" „Nee", seggt de Verköperin, „sowat hebben wi leider nich." „Tschä, Mudding", meint dor Willi, „denn helpt dat nich. Denn möten wi dor woll so wiedermaken as ümmer."

*

„Wat makt eigentlich dien Mann, Claudia?"
„De is bi de Polizei." „Ach, un woans geföllt em dat dor?"
„Dat weit ick nich. Se hebben em ja ierst vör twei Stunden awhalt!"

*

„Marianne, wat kiekst du so bedrippst? Ick hew hürt, du büst Oma worden, dor freut'n sick doch. Wat is denn los?" „Ach du weitst ja, mien Kinner sünd doch so bannig modern. As ick hürt hew, dat dat Lütt dor is, bün ick furts in de Klinik führt. Mien Swiegersoehn wier ok all dor. ‚Na', hew ick fragt, ‚wat is't denn worden, 'n lütten Jung odder 'ne lütte Diern?' Un weitst du, wat de beiden seggt hebben?, Das soll das Kind später selbst entscheiden!' "

„Na, Andreas, hest du denn' niegen Job krägen?"

„Nee." „Un worüm nich?"

„Dor wier so 'ne smucke Personalreferentin, un ick glöw, ick hew ehr ok ganz gaud gefollen. Blot as se denn seggt hett, ick sall mien Referenzen ruthalen, dor möt ick woll wat verkiehrt makt hebben."

*

Felix is Junggesell un giwt sien Wäsch ümmer in de Reinigung. Eines Daags findt he in de saubere Wäsch einen Zettel mit Namen un Adress von ein Fru, un dorünner steiht: „Willen Se mi nich mal schrieben un mi ein Foto schicken?" Felix schriwwt natürlich un schickt ok ein Bild von sick mit. Nah ein Woch hett he all de Antwurt. In denn' Breif steiht: „Välen Dank. Ick wull blot mal weiten, woans de Kierl utsüht, de in so'n schietig Bettüch slöppt!"

*

„Erwin!" „Ja, mien Schatz?"

„Sittst du villicht all wedder up dat niege Sofa?"

„Nee, natürlich nich, mien Schatz!" „Wo sittst du denn?"

„Up denn' Fautbodden, mien Schatz!"

„Na gaud, äwer denn schlag wenigstens denn' Teppich trügg!"

Hannes sitt an' See un angelt. Mit mal kümmt ein Frosch antauswemmen un seggt: „Küß mi, ick bün ein verzauberte Prinzessin!" Hannes grippt tau, stäkt de Pogg in de Tasch un geiht los. Dor röppt de wedder: „Glöw mi doch, ick bün ein Prinzessin! Küß mi!" Hannes geiht wieder. Dor röppt dat Diert tau'n drütten Mal: „Küß mi doch endlich! Ick bün ein wunnerschöne Prinzessin!" Nu ward dat Hannes tauväl. „Hür mal tau, mien Diern", seggt he, „up Schönheit un Adel, dor schiet ick. Äwer wecker hett all 'ne Pogg, de snacken kann!"

*

„Du, wat makt eigentlich dien Prozeß üm de grote Arwschaft?"

„De löppt wunnerbor, denn' gewinn ick!"

„Woher wisst du dat denn so genau weiten?"

„Mien Anwältin hett mi 'n Heuratsandragg makt!"

*

Steffen repariert tau Hus allens sülben. Eines Daags röppt he sien Fru: „Du, kam mal her, kannst du woll mal dissen Draht hier fasthollen?" Se deiht dat ok, un Steffen frögt: „Fäuhlst du wat?" „Nee", seggt se. „Denn is gaud", seggt Steffen, „denn is de anner de Pluspol."

Drei Männer sitten in Kraug un ünnerhollen sick. De ein seggt: „As mien Fru damals schwanger wier, hett se grad ,Das doppelte Lottchen' läst, un stellt juch vör, se hett Twäschen krägen!" „Dat is noch gor nix", seggt dor de tweit, „mien Fru hett ,Die drei Musketiere' läst un achteran Drillinge krägen!" „Oh Gott", röppt dor de drütte, „mien Fru is grad schwanger, un weit' ji, wat de läst? ,Ali Baba und die vierzig Räuber!' "

\*

Susi sitt bi de Kortenleggersch un de seggt tau ehr: „Leiw Fröllein, in acht Mand ward ein jung Mann in Sehr Läben träden." „Oh", seggt Susi, „woans süht he ut?" „He is blond." Susi ward ganz upgerägt. „Un wieder?" „Nu ja, he is siehr jung un wäggt knapp söben Pund."

\*

Hannes kümmt duun nah Hus. In de Dör steiht sien Fru mit 'n Bessen in de Hand. „Na, mien Schatz", seggt Hannes, „wisst du utfägen odder weggfleigen?"

\*

88

# Weiten Se eigentlich ...

... wat de Ünnerscheid twischen einen Dirigenten un einen Kutscher is?

De Kutscher hett bi sien Arbeit blot twei Norslöcker vör sick.

*

... an war Männer marken, dat se olt worden sünd?

Wenn de Verköperin fröggt: „Dörf ick de Kondome as Geschenk inpacken?"

*

... wat de Ünnerscheid twischen Männer un Kaffeemaschinen is?

Kaffeemaschinen kann' entkalken!

*

... worüm Ehemänner dicker sünd as Junggesellen?

De Junggesellen kamen nah Hus, kieken, wat in't Käuhlschapp is un gahn tau Bett.

De Ehemänner kamen nah Hus, kieken, wat in't Bett is un gahn an't Käuhlschapp.

*

... bi wat för einen Bruch man dat Glied nich ingipsen dörf?

Bi Ehebruch.

*

... wat dat best Mittel gägen Leiwskummer is?

Rizinus. Dat helpt twors nich, äwer dat lenkt aw.

*

... wat de Ünnerscheid twischen ein Ehefru un ein Wittfru is?

Ein Wittfru weit ümmer, wo ehr Mann liggen deiht.

*

... worüm Beamte kein Papiertaschendäuker benutzen?

Wiel dor „Tempo" upsteiht.

*

... worüm dat Medizinstudium so lang duurt?

Wiel de Patienten tau einen ölleren Dokter miehr Vertrugen hebben.

*

... wat för de Junggesellen de gröttste Frieheit is?

Dat se sülben entscheiden koenen, ob se links odder rechts ut dat Bett stiegen.

... worüm man Frugens mit Poggen verglieken kann?

Ümmer koll Fäut un ümmertau Bang vör denn' Adebor.

*

... wenniehr de Flitterwochen Tau Enn' sünd?

Wenn de Mann abends sien Büxen up denn Bügel hangen deiht.

*

... worüm in de Melk Fett is?

Dormit dat bi'n Melken nich quietschen deiht.

*

# Plattdeutsch auf NDR 1 Radio MV

Wenn Sie wissen möchten, was der Tag Ihnen bringt: Jeden Morgen gibt's auf NDR 1 Radio MV das plattdeutsche *Horoskop* von W wie Widder bis F wie Fisch.

Plattdeutsche Nachrichten hören Sie immer freitags (18.20 Uhr) und sonntags (6.50 Uhr und 8.20 Uhr) in *De Woch up Platt* auf NDR 1 Radio MV.

Plattdütschen Klönsnack, niederdeutsche Hörspiele und Literatur up Platt – all das bringt NDR 1 Radio MV sonnabends in der *Klönkist* (19.05 bis 20.00 Uhr). Und immer am letzten Sonnabend des Monats kommt für alle Plattsnacker die *Plappermoehl* (19.05 bis 20.00 Uhr). Dann empfangen unsere Plappermöller mit norddeutschem Humor ihre Gäste am „Moehlendisch". Für musikalische Unterhaltung sorgen Sänger und Gruppen aus ganz Norddeutschland.

In *Plattdütsch an'n Sünndag* (6.05 bis 9.00 Uhr) melden sich unsere Moderatoren bei NDR 1 Radio MV up Platt. So gemütlich kann der Feiertag beginnen: Selbst im kleinsten Dorf des Landes sagen wir „Gauden Morgen". Und dort wo am Wochenende etwas los ist, sind unsere plattdütschen Reporter zur Stelle.

Plattdeutsch gehört zum Programm von NDR 1 Radio MV – jeden Tag.

Bereits
erschienen

Die einhundert besten Witze aus 20 Sendejahren der „Plappermoehl" auf NDR 1 Radio MV finden Sie auf dieser CD. Lachen Sie mit, getreu dem Motto: „Ut'n verklamten Nors kümmt kein fröhlichen Furz".

Diese CD finden Sie überall im Buchhandel und Musikgeschäften, oder Sie ordern online z.B. bei www.tennemann.com .

Lachen auf NDR 1 Radio MV, dazu gehört neben der Plappermoehl natürlich auch das Spaßtelefon an jedem Morgen ... Die besten Telefonstreiche gibt es auch auf CD überall im Buchhandel und Musikgeschäften, oder Sie ordern online z.B. bei www.tennemann.com .

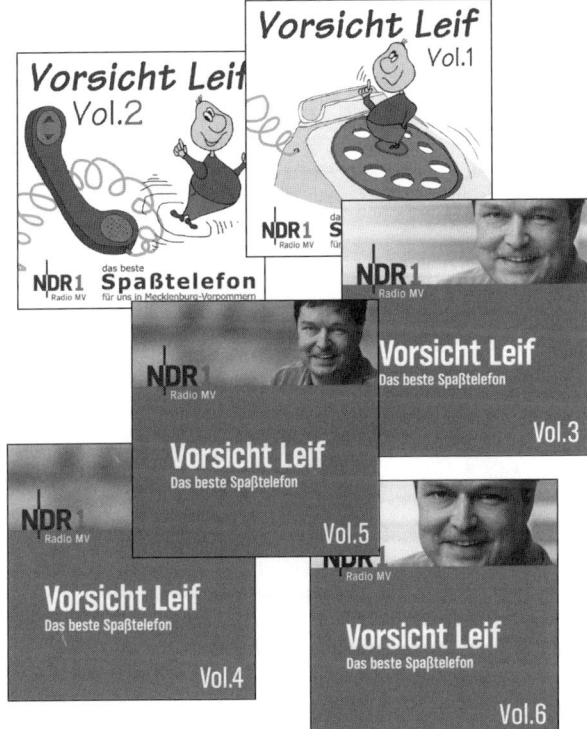

## Der Autor:

Manfred Brümmer wurde 1947 in der Reuterstadt Stavenhagen geboren. 1976 erhielt er ein Engagement als Schauspieler an der Fritz-Reuter-Bühne des Mecklenburgischen Staatstheaters Schwerin, wo er bis heute als Dramaturg arbeitet.
Zahlreiche Übersetzungen ins Plattdeutsche, eigene Stücke, Kurzgeschichten, Liedtexte, ein Hörspiel entstanden bisher sowie diverse Serien für „Plattdütsch an'n Sünndag" auf NDR 1 Radio MV.
Dort gehört Manfred Brümmer seit 1997 auch zur Moderatorenrunde der beliebten niederdeutschen Unterhaltungssendung „Plappermoehl". Für sein Wirken wurde Manfred Brümmer 1997 mit dem Johannes-Gillhoff-Preis für norddeutsche Kunst und Kultur ausgezeichnet.

## Der Verlag:

Der TENNEMANN Buchverlag gehört zur TENNEMANN Media GmbH. Das Schweriner Unternehmen, 1999 gegründet von Leif Tennemann, realisiert u.a. Musik -, Wort - u. Buchproduktionen mit eigenem CD-Label, Musik- und Buchverlag, Editionen, Vertrieb, Download-Service und Online-Shop. TENNEMANN Media arbeitet weiterhin erfolgreich als Eventservice und Presseagentur mit eigenen Online-Redaktionsdiensten und Info-Portalen mit den Schwerpunkten Mecklenburg-Vorpommern und Norddeutschland.